나의 벗,
라벤더에게

나의 벗, 라벤더에게

초판 1쇄 인쇄	2025년 07월 28일
초판 1쇄 발행	2025년 08월 19일

신고번호	제313-2010-376호
등록번호	105-91-58839
지은이	윤수진
발행처	보민출판사
발행인	김국환
기획	김선희
편집	현경보
디자인	다인디자인
주소	경기도 파주시 해올로 11, 우미린@ 상가 2동 109호
전화	070-8615-7449
사이트	www.bominbook.com
ISBN	979-11-6957-372-6 03810

- 가격은 뒤표지에 있으며, 파본은 구입하신 서점에서 교환해드립니다.
- 이 책은 저작권법에 의하여 보호를 받는 저작물이므로 무단 전재와 복사를 금합니다.

나의 벗,
라벤더에게

윤수진 시집

우리 우정이 결코 연인의 사랑보다 덜하지 않음을
네가 알 수 있다면 좋겠어

추천사

　시집『나의 벗, 라벤더에게』는 "우정"과 "사랑" 사이, "그리움"과 "기억" 사이에 놓인 한 사람의 진심이 보랏빛 라벤더 향처럼 은은하게 퍼지는 시집이다. 시인은 '벗'이라는 단어에 기대어, 연인에게 건네듯 다정한 시를 쓰고, 사랑하는 이의 이름을 부르듯 시를 불러낸다. 이 책의 제목이 '라벤더'인 것도 결코 우연이 아니다. 라벤더는 향기로 기억되고, 향기로 그리워지며, 향기로 남는다. 윤수진 시인의 시 또한 그러하다. 한번 스며들면 오래 남아 마음을 어루만진다.

　시인은 40대에 들어서며 사랑과 삶에 대한 성찰로 가치관이 변했고, 그 변화는 시로 고스란히 옮겨졌다. 「시인의 말」에서 "가볍고 산뜻하게 시에 감정을 녹여낼 수 있었다"고 고백하듯, 이 시집은 짙고 무거운 애절함보다는 발랄한 웃음과 재치, 가볍지만 진심 어린 언어로 이루어진다. "나의 벗, 네가 좋다 / 네가 주는 유쾌함이 좋다"라고 고백하는 시 「나의 벗, 해바라기씨유」에서부터, "라벤더야, 슬퍼 보인다"

로 시작되는 시적 대화들까지, 모든 시는 마치 친구와 주고받는 편지 같고, 일기 같고, 마음을 털어놓는 대화 같다.

　이 시집의 큰 매력은 일상의 감정들을 있는 그대로 긍정하고 끌어안는 시인의 태도에 있다. 시인은 키스의 낯선 첫맛에 "윽 퉤 / 끔찍해"라고 말하면서도, 그 사랑의 향기와 감각이 어떤 것인지도 솔직하고 발랄하게 풀어낸다. 「첫 키스」와 「키스의 맛」은 첫 키스를 대하는 상반된 느낌을 유쾌하게 묘사한다.

　시집의 중심에는 '라벤더'와 '우정'이 있다. 이 우정은 연인의 사랑보다도 깊고 오래 가는 진심 어린 관계이며, "우리 우정이 결코 연인의 사랑보다 덜하지 않음을 / 네가 알 수 있다면 좋겠어"라는 시구는 이 시집 전체를 관통하는 선언처럼 읽힌다. 시인은 연인이 되어야만 사랑이라 믿는 세상에 조용히 이의를 제기하며, 우정이라는 이름 아래에서도 충분히 사랑이 가능하다고 말한다. 그 언어는 결코 논쟁적이지 않고, 오히려 나직하고 따뜻하다.

　이 시집은 또한 삶의 감각을 향기로 기억하는 시인의 체취가 담겨 있다. 프로방스 레몬에이드에서 보라카이의 egg yolk에 이르기까지, 시인은 촉각과 미각, 후각을 넘나들며 감정의 스펙트럼을 넓힌다. 「사과꽃 향기」, 「초여름 장미」, 「라벤더와 여름 이야기」, 그리고 「산소 같은 너」 연작들에 이르기까지, 시인은 자연을 인격화하여 사랑의 은유로 삼고, 자신의 감정을 투영시킨다.

나아가 시는 국경을 넘어 기억의 장소들로 확장된다. 벤쿠버의 PGIC 어학연수 시절, 캐나다에서의 신혼여행, 유럽여행을 꿈꾸는 낭만까지 삶의 여행지마다 시인은 그리움과 감사, 사랑과 우정을 놓지 않는다. 특히 「홈스테이 마미 앤 대디」에서는 음식과 돌봄을 매개로 한 인간적 유대와 정서를, 「정성」에서는 어머니의 손맛을 그리워하는 마음을 시적으로 엮어내며 독자의 마음을 따뜻하게 적신다.

『나의 벗, 라벤더에게』는 사랑하는 사람에게, 혹은 사랑했던 사람에게, 그리고 지금 내 곁에 있는 벗에게 건넬 수 있는 시들로 가득하다. 이 책을 읽는 내내 독자는 어쩌면 누군가를 떠올리게 될지도 모른다. 라벤더처럼 향긋하고, 수채화처럼 번지는 감정의 물감들, 어린 시절의 친구, 연인이 되지 못한 벗, 멀어진 가족, 그리운 타지의 누군가.

우리는 이 시집을 통해 깨닫는다. 사랑은 반드시 소유가 아닌 향기처럼 남을 수도 있고, 우정은 말 없는 깊이로도 충분히 누군가를 감싸 안을 수 있다는 것을. 이 책은 사랑과 우정 사이에서 방황했던 이들에게, 그리고 그 경계를 부드럽게 넘나들고 싶었던 이들에게 바치는 시인의 사려 깊은 고백이다.

2025년 7월
편집위원 **김선희**

시인의 말

　40대가 되어 사랑과 삶에 대한 성찰을 하면서 가치관의 변화가 작가 자신에게도 생기게 되었습니다. 이러한 변화를 겪으며 삶에 대한 작가의 감정을 좀 더 가볍고 산뜻하게 시에 녹여낼 수 있었던 것 같습니다. 독자들이 제 시집을 읽으면서 하루가 가볍고 행복해지길 바랍니다. 소중한 친구에게, 사랑하는 연인에게, 그리고 이 시대의 모든 평범한 부부들에게 선물하고 싶은 시집이 되길 바라는 마음입니다. 제 시집으로 사랑하는 이들이 서로 가볍게 웃고 떠들 수 있는 행복한 시간을 갖는 계기가 되었으면 합니다.

2025년 7월
시인 **윤수진**

목차

추천사 ·················· 4
시인의 말 ·················· 7

나의 벗, 해바라기씨유 ·················· 12
유기농 에스프레소의 행복 ·················· 13
봄에게 벚꽃이 ·················· 14
사과꽃 향기 ·················· 15
초여름 장미 ·················· 16
새소리 ·················· 17
첫 키스 ·················· 18
키스의 맛 ·················· 19
도파민 사랑 ·················· 20
세로토닌 사랑 ·················· 21
너 ·················· 22
라벤더와 여름 이야기 (1) ·················· 23
꿀벌과 여름 이야기 ·················· 24
라벤더와 여름 이야기 (2) ·················· 25
나비와 여름 이야기 ·················· 26
짝사랑의 빛 ·················· 27
짝사랑의 그림자 ·················· 28
군계일학 ·················· 29

비 오는 날의 수채화 물감	30
나의 오로라 민씨	31
스물의 우리	32
마흔의 우리	33
나의 벗, 라벤더에게	34
변한 걸까	36
너와 나의 바운더리	37
소중한 너라서	38
수제 자몽에이드	40
시간의 온도 타이밍	41
너의 느낌	42
산소 같은 너 (1)	44
장난스런 너의 키스	45
비 오는 여름날의 밤 산책	46
청바지가 어울리는 너	47
너의 모양	48
다람쥐와 청설모	49
산소 같은 너 (2)	50
돌하르방	51
속딱임	52
혼저옵서예	53
정성	54
녹차 프라푸치노	55
보라카이 egg yolk	56
홈스테이 마미 앤 대디	57
벤쿠버, 캐나다	58
나의 PGIC	60
단풍의 히스테리	61
제주 호캉스	62
눈치 없는 순정	63
단풍의 성찰	64
유럽에 가자	66

나의 벗,
라벤더에게

나의 벗, 해바라기씨유

나의 벗
네가 좋다
네가 주는 유쾌함이 좋다

나의 벗
네가 좋다
네가 주는 느끼함이 좋다

나의 벗
네가 좋다
네가 주는 기름짐이 좋다

나의 벗
네가 좋다
네가 주는 개그가 좋다

그런 의미로
널 많이
참 많이 좋아해

유기농 에스프레소의 행복

유치찬란하고
기분 좋은 너의
농담에 쓰러진다

에러 난 너의 농담
스킬은 프랑스
프로방스에서 마주친
레몬에이드 같은
소소한 기쁨을 준다
의미 있는

행복을 준다
복불복이 없는 너와의 우정이 좋다

봄에게 벚꽃이

코끝으로 스치는
시원하고 상쾌한 너의 향기

따스하고 포근한
너의 햇살 품에서 이룬 단잠

물관과 체관이 꿈틀거리며
꽃봉오리가 솟구친다

너로 인해 내가
봄의 향기를 꽃피운다

사과꽃 향기

연그린 봄비가 내린다
어린 잎 솜털 위로
송알송알 미니미니
수정 이슬이 맺힌다

연분홍 봄비가 내린다
수줍은 꽃봉오리가
알쏭달쏭 미니미니
은빛 꽃망울을 터뜨린다

순백의 눈꽃이 내린다
부드러운 봄바람이
한 잎 두 잎 미니미니
사과꽃 향기로 물들어 간다

초여름 장미

초록 비가 내린다
방울방울
꽃봉오리가 설렌다
수줍은 볼에
향긋한 촉촉함을 품는다

은빛 별빛이 내린다
반짝반짝
맑은 진주들이 설렌다
이슬 머금은 꽃송이가
활짝 웃는다

금빛 햇살이 내린다
우아하고 싱그럽게 피어난
꽃잎들이 향기롭다
신선한 꽃내음에
공기가 행복하다

새소리

여름 숲속
이른 아침
싱그러운 향기
촉촉한 이슬 안개 속
새들이 지저귄다

뻐꾸기도 종다리도
참새도 까마귀도
저마다의 음색으로
끊임없이 노래한다
새벽을 깬다

맑고 신선한
새들 소리에
숨을 들이쉰다
기지개를 켠다
백색소음이 하루 시작을 알린다

첫 키스

이게 뭐지?
뭔가 들어왔는데…

스르륵
윽 퉤
끔찍해

내 입술에 지나간
지렁이? 우 웩
더 끔찍한 뱀?

이게 뭐가 좋다는 거야?
흘긴 눈으로
저 XXX
욕이 나올 뻔했다

키스의 맛

장미 꽃잎이
내 입술에 착 밀착

은은하고 깊은 그 향기에
코끝이 흠 간질

달아 움직이는 몸속
호르몬이 음 으아

입술에 머무른 로즈과즙
미끄럽게 움직인다

부드럽다 맛있다
달콤하다 계속 먹고 싶다

도파민 사랑

도라 도라 도라
파티 투나잇
민트향 썸바디

사랑에 미쳐
랑데부

세로토닌 사랑

세기의 사랑이 될 거란 믿음
로또 맞은 인생이 될 거란 소망
토요일 같은 쉼이 되어줄 거란 기대
넌자도 한다는 그 사랑을

사무치게 그리워할 수나 있나
랑데부

너

반짝이는 너의 눈
촉촉한 너의 속삭임

코끝에 닿은 너의 향기
붉게 타오른 너의 입술

매끈하게 움직이는 너의 모든 것들이
행복이라 느꼈던 찰나의 순간들이

흩어져 버렸다
추억이 되어 버렸다

라벤더와 여름 이야기 (1)

라벤더야, 슬퍼 보인다

저 꿀벌이 너무 싫어서
내 주위에서 계속 윙윙거리는 게
시끄러워
꽃가루를 다 휘휘 저어
흩뜨려 놓잖아
배 아래 뾰족하게 튀어나온
저 징그럽고 무시무시한 침 좀 봐
나에게 다가오지 않았으면 좋겠어

그렇구나

꿀벌과 여름 이야기

꿀벌아, 행복해 보인다

저 라벤더가 너무 좋아서
보랏빛 향기가 날 기분 좋게 해
향긋한 꽃가루를 채취할 때면
온 세상이 내 것 같아
블루빛 연보라 꽃잎 색 좀 봐
얼마나 오묘하고 달콤한지
늘 내 옆에 피어 있었으면 좋겠어

그렇구나

라벤더와 여름 이야기 (2)

라벤더야, 좋아 보인다

나비가 놀러 와서
우아한 날갯짓으로 살포시
내 꽃잎에 앉아 속삭였거든
부드럽게 꽃꿀을 쏙 빨아주니
꽃받침이 한결 가벼워졌어
산들바람에 행복해
나비와 날마다 함께하고 싶어

그렇구나

나비와 여름 이야기

나비야, 좋아 보인다

라벤더를 만나고 와서
향긋한 얼굴로 활짝
날 맞아주었거든
연보라빛 꽃잎에 살짝
입 맞추니
내 마음에 은빛 햇살이 드리워졌어
라벤더와 사랑에 빠진 것 같아

그렇구나

짝사랑의 빛

나에게 넌

향긋한 꽃잎처럼
달콤한 앵두처럼
촉촉한 이슬처럼
싱그러운 풀잎처럼
시원한 소나기처럼
찬란한 햇빛처럼
은은한 달빛처럼
샤랄랄한 별빛처럼
수줍은 은하수처럼
솟구치는 분수처럼

아름답다

짝사랑의 그림자

너에게 난

눅눅하게 젖어버린 옷처럼
블루베리 머금은 입술처럼
새하얀 블라우스에 묻은 김칫국물처럼
너저분하게 늘어진 양말처럼
먼지 쌓인 책장 안에 꽂힌 풀다 만 문제집처럼

우중충하다

군계일학

바라만 보다
그저 설레고
모든 기쁨이 되어
행복해하다

다가가지도 못하면서
마냥 만족해하며
모든 의미가 되어
행복해하다

올라가지 못할 나무는
쳐다보지도 말라는
그 한마디에
혼자 슬퍼했다

비 오는 날의 수채화 물감

날 바라봐 주던
향긋했던 너의 눈빛
아카시아 꽃꿀처럼
빛나던 너의 미소

유월의 초록빛 장마에
짧았던 기다림에도
끝없이 행복했던
그 설레임

마주 앉은 시선에
어찌할 바 몰랐던
아름답게 드리워진
나의 수채화

빗물이 되어
눈물이 되어
흘러내리다 얼룩져 버린
나의 캔버스 작품

나의 오로라 민씨

나비처럼 우아한 너에게
의미를 부여하는 나에게

오묘한 오로라 빛이 내린다
로미오와 줄리엣도 아닐 텐데
라일락 향기에 매일 같이 취한다

민들레꽃 필 무렵 한 번쯤 만날 수나 있으려나
씨앗이구나! 민들레 홀씨야 흩날려라 멀-리

스물의 우리

스치는 봄바람처럼
수줍은 진달래처럼

연분홍 흩날리는 벚꽃처럼
길게 늘어진 노오란 개나리처럼

오월의 붉은 장미처럼
유월의 초록빛 소나기처럼

청개구리 좋아하는
연잎 위 연꽃처럼

스물
그 속에서 피어난 우리

마흔의 우리

회오리바람에 부서지는 구월의 태풍처럼
높고 청명한 가을 하늘처럼

길가에 흔들리는 코스모스처럼
그 위에 앉아 있는 빨간 고추잠자리처럼

금빛 노란 떨어진 은행잎처럼
붉게 타오른 단풍잎처럼

시린 코끝 내려앉은 첫눈처럼
수북이 쌓인 하얀 눈처럼

마흔
그 속에 흘러가는 우리

나의 벗, 라벤더에게

우린 연인이어야 한다는 너에게
그럴 수 없다면
넌 내게서 떠날까

가볍고 산뜻한 친구이길 바라는 게
널 진정 좋아하는 깊은 우정이라면
넌 이해할 수 있을까

언제 어디서든 이야기 나눌 수 있고
아무렇지 않게 안아줄 수 있는 너와 나이길 바란다면
그건 나만의 이기심인가

우정엔 시기와 질투가 없어
서로 자유롭게 빛날 수 있다면
넌 그 가치를 헤아릴 수 있을까

오래오래 너와 늘 함께하고 싶은
나의 소중한 마음을 네가 알아봐 준다면
우린 영원할 수 있을 텐데

나의 벗, 라벤더야
그런 의미로 널 많이 아주 많이 사랑해

우리 우정이 결코 연인의 사랑보다 덜하지 않음을
네가 알 수 있다면 좋겠어

변한 걸까

샤랄라 반짝였던
별빛 눈이
요리조리 찌릿째릿
눈이 되어

향긋하고 촉촉했던
꽃잎 코가
드르렁 크르렁 컥컥
코가 되어

붉게 물들었던
앵두 입술이
오물쪼물 꿀떡꿀떡
입이 되어

버렸다
그런데 그래도 괜찮아
너니깐

너와 나의 바운더리

너를 잰다
와이프 앤 허즈밴드

나랑은 잘 맞을까
의심 가득 찬 표정으로

바로 그어버린 바운더리
운명이란 게 존재하긴 할까
더없이 좋은 이가 나타나긴 할까
리허설만 하다 시들어 버린 인터섹션

소중한 너라서

최면을 거는 거야
역지사지로 생각해 봐

네가 친구로만 지내고 싶은 친구가 있어
그런데 사귀자네
그럼 넌 어떨 것 같아

정말 소중한 친구라서
상처 주기 싫은데
좋은 말로 해선
도무지 알아듣질 못하니

어떤 식으로든
그 친구와의 연인관계는
상상할 수도 없고
심지어 그 친구가 싫어질까
두려울 지경이야

냉정하게 대하자니
상처를 줄 것 같아서
좋은 말로 아니라고 매번 거절하는데도
포기를 모르는 친구라
친구조차 힘들 것 같아서 고민이야

어때?
이러다 질리는 거겠지?
우리 우정 지속할 수 있을까?

수제 자몽에이드

수려한 외모의 너와
제일 잘 어울리는 건 나라고

자신만만하게 떠들다 듣게 된 한마디
몽블랑 트레킹을 가자
에라 모르겠다 그러자 했던 나
이 꼴 저 꼴 지저분한 꼴
드러운 꼴 보고 난 후 얼음을 깨물었다

시간의 온도 타이밍

시큼한 레몬 같았던 나
간보다 지쳐버린 너
의연한 척 돌아섰지만

온 밤 알 수 없는 눈물이 하염없이 흘렀다
도서관에 앉아 아무 일 없었던 듯

타들어 가는 책장을 넘기다가
이성을 잃은 모태솔로마냥
밍충이처럼 미친 듯이 공부를 했다

너의 느낌

푸른 밤
반짝이며
내려앉은 너

황홀한 형광빛
신비롭게
움직이는 너

은은한 꽃잎
이슬 머금은
촉촉한 너

입안에서
미끄럽게
녹아내리는 너

이른 새벽
부드럽게
속삭이는 너

너는 나의 별빛,
오로라, 오월의 장미, 밀크 초콜렛,
그리고 새

산소 같은 너 (1)

산책로를 따라
방울방울 떠올라

소생하는 나에게
살짝 다가와

같이 놀자
같이 살자

은비가 내리는 날
또 만나자

너랑은 매일
만나도 좋아

속삭여 준 너
다시 또 만나자

장난스런 너의 키스

장난스레 다가온 너의 입술에
난감하게 설레 버린 나의 눈동자
스며든다 녹아내린다 넘어간다
런던아이 전망대에 올라 야경을 보고 싶다

너와 같이
의도치 않은 미래가 꿈꾸듯 머리를 스친다

키스 한 번에 너에게 젖어든다
스머프도 아닐 텐데 순식간에 바보가 된다

비 오는 여름날의 밤 산책

쏟아지는 빗줄기에
가지런한 우산 둘
축 처진 너의 어깨 위로
비가 내려앉는다

속삭이는 두 입술에
전해지는 산소 방울
쏟아지는 비를 뚫고
심장에 맺힌다

무겁게 젖은 발걸음에
불어오는 공기 방울
깊은 숨 들이쉬며
서로를 치유한다

청바지가 어울리는 너

'청춘은 바로 지금' 청바지라고
바보같이 웃고 떠들던 우리
지금 이 순간은 행복한 순간이다
가슴속 깊이

어여쁘게 간직한다
'울지 마 바보야' 선율에 맞춰
리듬에 맞춰 울고 불던 우리
느지도 모르게 든 나이로 서글프다

너덜너덜 찢어진 청바지마냥 그 시절 우정도 지나간다

너의 모양

너를 그린다
동그라미일까
일그러진 감자칩 모양은 아니겠지
글쎄, 순백의 진주일지도

너를 그린다
세모일까
한입 베인 삼각김밥 모양은 아니겠지
글쎄, 피라미드 탑 오브 탑일지도

너를 그린다
하트일까
지진 나 금 간 심장 모양은 아니겠지
글쎄, 값비싼 하트 팬던트일지도

너를 그린다
네모일까
랩에 눌린 시루떡 모양은 아니겠지
글쎄, 묵직하게 빛나는 골드바일지도

다람쥐와 청설모

내 거야

아니야 내 거야

바보 자기 것도 몰라

아닌데 내가 여기 놔둔 건데

내 도토리라니깐

그걸 어떻게 알아

그냥

뭐라는 거야

산소 같은 너 (2)

자꾸자꾸 떠올라
파아란 하늘 위로
꿈처럼 피어오른다

자꾸자꾸 다가와
수줍은 콧망울에
눈꽃처럼 녹아내린다

자꾸자꾸 내려와
설레이는 입술에
살짝 쿵 닿는다

자꾸자꾸 들려와
간지러운 귓가에
소리없이 파고든다

돌하르방

투박하게
기다리는 당신

무심하게
보호해 주는 당신

아무렇지 않게
정 주는 당신

구멍 송송
무채색의 당신

당신이 그리워
당신을 만나러 다시
가요 제주도로

속딱임

갑작스레 짧아진
너의 혀

핑크빛 요동치는
너의 눈

습기 가득해진
너의 숨

속딱인다
너만 따랑해

혼저옵서예

제주도에 가고 싶다
너와 함께 가고 싶다

산양큰엉곳 반딧불이
너와 함께 보고 싶다

제주도에 살고 싶다
너와 함께 살고 싶다

노을해안 돌고래
너와 함께 만나고 싶다

정성

이른 아침
부엌에서 들려오는
송송송송
보글보글
엄마의 소리

구수한 향기
시래기 된장국
뜨끈하다
시원하다
엄마의 정성

머리부터
발끝까지
가득 찬 온기
힘찬 시작
학교 다녀오겠습니다

녹차 프라푸치노

녹으면 안 돼
차라리 차갑게 차분하게

프로답게 마주하는 거야
라푼젤처럼 용기를 내야 해
푸핫, 내가 그럴 수 있을까
치명적인 네 앞에서
노블레스에게는 노코멘트야

보라카이 egg yolk

마미가 추천한
몽환적인 egg yolk
보라카이 egg yolk

온 입자 물들이는
핑크 앤 오렌지 egg yolk
보라카이 egg yolk

온 섬 물들어 버린
환상적인 egg yolk
보라카이 egg yolk

그리운 기억 넘어
아름다운 egg yolk
보라카이 egg yolk

홈스테이 마미 앤 대디

원형 테이블에 올라온
갓 지은 아침식사
고소한 햄, 베이컨, 달걀,
필리핀식 오이국, 그리고 열대과일
가끔 떠오른다

하교 후 도착하면 차려지던
풍성한 저녁식사
도미찜, 스테이크, 그릴드 치킨 앤 폭찹,
망고케이크, 그리고 다양한 메뉴들
가끔 그리워진다

공부하는 데 지치지 마라
매일 같이 정성스레 차려주신 식사에
노부부의 애정이 담겨 있다
고마웠던 마미와 대디가
가끔 생각난다

벤쿠버, 캐나다

이른 봄
이른 아침
Sky train을 타고
PGIC에 도착한다
어학연수를 한다

매주 금요일부터
일요일까진
우리의 신혼여행이다
벤쿠버 Field trip
캐나다 Field trip

Stanley 공원에 가자
Harbour Centre 타워 전망대에 가자
Whistler 스키장에 가자
Victoria 섬에 가자
Rocky 산맥에 가자

여행지에서 만난
청둥오리, 다람쥐, 백조, 그리고 순록
수려한 버들나무들과 잔잔한 호수
눈 덮인 산과 계곡 그리고 빙하
우리의 신혼여행은 아름답고 행복했다

나의 PGIC

아름다운 미소를
가진 Teachers

행복한 미소를
짓는 Students

심심풀이 잡담
가득했던 Bulletin board

우리의 만남 공간
설레는 Lounge

하루 종일 공부하느라
수고 많았어 나의 PGIC

단풍의 히스테리

따스한 햇살이 짧아진다
새벽이슬 공기가 차가워진다

은혜로운 은비는 이따금 내린다
체관과 물관이 마르기 시작한다

8월의 푸르른 싱그러움이 사라진다
생기를 잃고 빨갛게 노랗게 말라버린다

인고의 시간이 지속된다
사람들은 이런 내가 아름답다며 감탄한다

제주 호캉스

제주 호캉스를 하고 싶다
글램핑을 하며 그릴드 스테이크를 먹고 싶다

제주 호캉스를 하고 싶다
푸른 밤 팝 선율에 수영을 하고 싶다

제주 호캉스를 하고 싶다
라운지 째즈 음악을 들으며 와인을 마시고 싶다

제주 호캉스를 하고 싶다
이른 아침 해변 산책로를 걷고 싶다

제주 호캉스를 하고 싶다
프라이빗 비치에 누워 나른하게 파도소리를 듣고 싶다

눈치 없는 순정

선생님이 좋아
수학여행 줄줄이 같은 포즈로
너나 나나 할 것 없이
팔짱 끼며 기념사진을 찍는다

친구가 좋아
스포츠머리 줄줄이 같은 스타일로
도파민 터뜨리며
목소리 높여 수다를 떤다

동아리가 좋아
매일 같이 줄줄이 같은 장소에
약속이나 한 듯 우르르 모여
열정을 태운다

단풍의 성찰

괜찮아
네가 날
기쁨에 찬 눈으로
바라봐 주니깐

괜찮아
네가 날
행복한 눈으로
바라봐 주니깐

괜찮아
네가 날 보며
아름다운 미소를
지어주니깐

괜찮아
네가 날 보며
감탄과 찬사를
보내주니깐

이젠 다
괜찮아
네가 날
좋아하니깐

유럽에 가자

체코 프라하에 가고 싶다
별밤 카를교를 건너며
프라하 성을 보고 싶다
너와 함께

프랑스 파리에 가고 싶다
센 강 선상 위에서
로맨틱한 파리의 야경을 보고 싶다
너와 함께

오스트리아 할슈타트에 가고 싶다
눈 쌓인 겨울왕국
푸른 호수 길을 걷고 싶다
너와 함께

스위스 그린델발트에 가고 싶다
피르스트에 올라
바흐알프제 호수를 보고 싶다
너와 함께

우리 유럽 가자